# LE PRIX DE LA BEAUTÉ OU LES COURONNES

*PASTORALE*

en trois Actes,

a un Prologue.

Ecrit par Mounier

Martinet Inv.

Therese Martinet sculp.

# LE PRIX DE LA BEAUTÉ,

OU

# LES COURONNES,

*PASTORALE EN TROIS ACTES,*

## ET UN PROLOGUE,

*AVEC DES DIVERTISSEMENS,*

SUR DES AIRS CHOISIS ET NOUVEAUX.

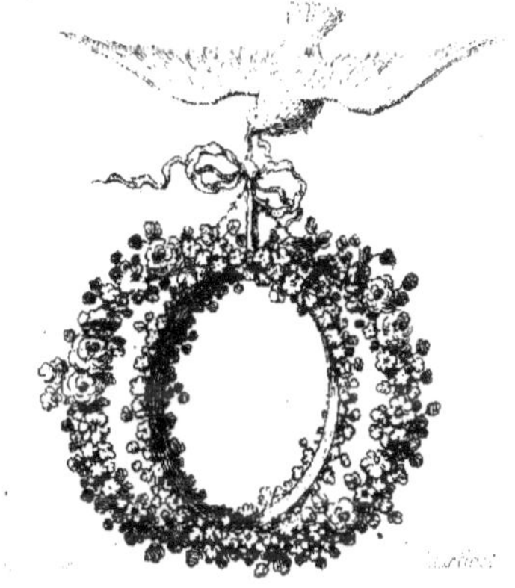

*A PARIS,*

Chez DE LORMEL, Imprimeur-Libraire, rue du Foin, à Sainte Geneviéve.

*Et se vend aussi aux Spectacles.*

M. D.C.C. LX.

*AVEC APPROBATION ET PERMISSION DU ROI.*

*A*

SON EXCELLENCE

*MADAME*

LA PRINCESSE

# *DE GALLICIN.*

ADAME,

*Le goût que vous avez montré pour nos Spectacles, le ſentiment que l'on vous y voit chercher & préférer*

*aux différentes frivolités qui s'y rencontrent, l'estime que vous faites des talens, les bontés dont vous voulés bien m'honorer : tout m'engage à vous offrir l'essai de cette Pastorale que je n'ai l'honneur de vous présenter que comme un ensemble de Vaudevilles & Airs choisis ; trop heureux si quelques-uns d'eux peuvent vous amuser un instant, & vous faire agréer le profond respect avec lequel j'ai l'honneur d'être,*

MADAME,

*Votre très-humble,*
*& très-obéissant,*
*Serviteur.*

*G****

## *AVIS DE L'ÉDITEUR.*

L'ON ne préſente point au Public cette Paſtorale comme une Piece, mais comme un eſſai qui pourroit ſervir à en compoſer une, & comme un enſemble de Couplets & d'Airs choiſis qui pourroient amuſer quelques Sociétés. C'eſt pourquoi l'on n'a pas cru devoir élaguer quelques Scenes & des monologues qui feroient des longueurs à la repréſentation. Comme il ſeroit facile cependant de faire de cet Ouvrage un Spectacle de Sociétés, ou autre, à peu de choſe près, dans l'état où il eſt les Perſonnes qui ſeront dans le cas de le deſirer, pourront alors faire tout ce qui leur plaira, ſi elles veulent s'en donner la peine.

L'on prévient auſſi qu'il a paru dans le Public pluſieurs des Couplets que l'on y trouvera, l'Auteur en ayant donné à des Amis qui en ont répandu des Copies peu correctes, & qui d'ailleurs ont été retouchés depuis. L'on y trouvera quelques imitations ou traductions libres de certains Ouvrages Italiens connus, entr'autres, *le Baiſer de Cloris*, *&c.* Au reſte l'Auteur qui n'a cherché qu'à amuſer quelques Sociétés & s'amuſer lui-même, n'ayant point voulu ennuyer qui que ce ſoit par la repréſentation, ne s'eſt décidé à le mettre au jour de l'impreſſion qu'à la ſollicitation de quelques amis ; & comme il ne prétend s'en faire aucun mérite, qu'il eſt même perſuadé qu'il ne s'y en trouve aucun, il l'abandonne volontiers à toutes les cenſures.

# LE PRIX DE LA BEAUTÉ,

*OU*

# LES COURONNES;

*PASTORALE.*

## ACTEURS DU PROLOGUE.

L'AMOUR.

LES GRACES.

*Les Ris, les Jeux & les Plaisirs.*

LES SAISONS.

UN PRINCIPAL BERGER.

UNE JEUNE BERGERE.

*Bergers & Bergeres.*

*La Scene est dans une Prairie agréable.*

*Gravé par Marinet*

*A des jeux innocents et tranquilles,*
*nous donnons sans cesse nos loisirs.*

# LE PRIX DE LA BEAUTÉ,

OU

# LES COURONNES.

## PROLOGUE.

*Le Théâtre représente une Prairie émaillée de fleurs en avant d'un Bois. Des Arbres où sont attachés des Guirlandes de Fleurs, & des Instrumens Champêtres. On voit différens Grouppes de* BERGERS *& de* BERGERES, *répandus de droite & de gauche, occupés à faire des couronnes, & jouant à différents jeux.*

### SCENE PREMIERE.

*BERGERS, BERGERES.*

Ier CHŒUR DE BERGERS.

Air. *A notre bonheur l'Amour préside.*

A Des jeux innocens & tranquilles
Nous donnons sans cesse nos loisirs.

II^e^ CHŒUR DE BERGERS.

Dans nos bois, bien mieux, qu'au ſein des Villes
Nous goûtons les plus charmans plaiſirs.

I^er^ CHŒUR DE BERGERES.

Chaque jour, le lever de l'Aurore,
Pour nous, fait éclorre
Les plus belles fleurs;

II^e^ CHŒUR DE BERGERES.

Chaque jour! chaque inſtant dans nos ames
Allume des flâmes
Qui brûlent nos cœurs.

UN PRINCIPAL BERGER.

*Même air.*

Du Dieu qui nous fait aimer & plaire
Chantons & célébrons les bienfaits?
Il va nous apprendre le myſtere
De ces biens qu'il ſçait rendre parfaits;
Nous allons jouir de ſa préſence
O douce eſpérance!
Bergers trop heureux?
Que chacun accorde ſa muſette?
Et qu'Echo répete
Nos accens joyeux!

*Les* BERGERS *prennent leurs Muſettes & divers Inſtrumens. Ils ſe rangent en haie, & les* BERGERES, *au ſon des Muſettes, tenant des guirlandes de fleurs, forment au milieu d'eux un Ballet agréable, ſur la fin duquel les* BERGERS *ſe mêlent avec elles.*

# PROLOGUE.

( *Une Symphonie voluptueuse se fait entendre, & annonce l'approche de la Divinité.* )

## UN BERGER.

Air noté, N°. 1.

Ou, *Allons gay ? voici le mois de Mai.*

Quels concerts ? quels sons harmonieux
Ici se font entendre ?
L'amour vient visiter ces beaux lieux
C'est lui qui va descendre.

## CHŒUR DE BERGERS ET DE BERGERES.

Air. *Les beaux jours ne durent gueres.*

Viens Amour
Orner nos fêtes.
Viens amour
Dans ce séjour ?
Que nos cœurs deviennent tes conquêtes !
Viens fixer ici ta Cour.

( *L'Amour paroît.*

## SCENE II.

*L'AMOUR arrive ſuivi des* GRACES, *des* SAISONS, *des* RIS, *des* JEUX *& de* PLAISIRS; *il admire les* BERGERES, *en voltigeant autour d'elles.*

L'AMOUR.

Air. *J'ai vû de notre Roi la cour & l'équipage.*

AImés, il en eſt temps?
Aimés, cherchés à plaire?
Des beaux jours, des beaux ans
La courſe eſt ſi légere. Et lon lan la.

*(Ces Couplets ſe chantent ſucceſſivement avec une eſpece de Ballet, où à la fin de chaque Couplet l'*AMOUR *& ſa ſuite voltige autour des* BERGERES.*)*

UNE SAISON *repréſentant le Printems, une fleur à la main.*

Admirés dans vos champs
Une fleur paſſagere!
Elle n'a qu'un Printems
Pour orner la Bergere.

*On danſe.*

UNE SAISON *repréſentant l'Eté, des gerbes à la main.*

De vos brillants Etés
L'émail & la verdure
Peignent les voluptés,
Mais n'offrent rien qui dure.

*On danſe.*

UNE SAISON *représentant l'Automne, avec des fruits.*

Ces fruits délicieux
Que la terre vous donne
Mûrissent sous vos yeux,
Et passent dans l'Automne.

*On danse.*

UN PLAISIR *montrant l'Hyver, dans un coin du Bois.*

Craignés l'Hyver affreux
Dont gémit la nature
Jamais les Ris, les Jeux
N'ont quitté la verdure.

*On danse.*

(*Ballet général.*)

L'AMOUR.

Air. *Ah! mon mal ne vient que d'aimer.*

Vous vouliés connoître l'Amour,
Exprès, je viens dans ce séjour
Pour vous faire naître un beau jour
Bergers? & vous apprendre
Quels sont ces biens que tour à tour
Sur vous je veux répandre.

*Même Air*, ou noté N°. 3.

Il est sans doute un bien charmant
Dont on ne jouit qu'en aimant
Il fait le bonheur d'un amant
Lorsqu'il a sçu connoître
Que toujours c'est du sentiment
Que le plaisir veut naître.

Air. *De m'engager il est trop difficile.*

Ce ſentiment! enfant de la tendreſſe
Coûte ſouvent des larmes, des ſoupirs
Il nous agite, il nous trouble ſans ceſſe,
Mais c'eſt lui ſeul qui nous mene aux plaiſirs.

*Fanfare.* N°. 4.

Pour vous faire un bonheur durable?
Commencés par faire le choix
D'une Bergere, jeune, aimable
Dont vous puiſſiés ſuivre les loix;

Sous l'empire de la beauté
La perte de la liberté
Devient une félicité
Que pour partager
Son Empire & régner,
Elle nomme un Berger?

Pour vous faire un honheur durable?
Commencés par faire le choix
D'une Bergere jeune, aimable
Dont vous puiſſiés ſuivre les loix.

( *Aux* PLAISIRS *de ſa ſuite.* )
*Fanfare.* N°. 5.

Plaiſirs, qui volés ſur mes traces
Enchantés ces Peuples heureux!
Sur les pas des Ris & des Graces
Formés ici d'aimables jeux,
Offrés leur une image
De ce parfait bonheur
Que l'on cherche dans le bel âge
Et que l'on trouve au fond du cœur.

(*Ballet agréable exécuté par les* Ris, *les* Jeux *&* *les* Graces.)

(*Pas de Trois exécuté par les* Graces.)

L'AMOUR *à une jeune* Bergere.

Air. *J'avois toujours gardé mon cœur.*

Il est encor quelque leçon
Que l'amitié m'inspire ;
Venés entendre ma Chanson,
Elle peut vous instruire.

Air. N°. 5. *de M. Naudé.*

Ou, *De mon Berger volage.*

Jeune & simple Bergere
Que je viens d'embellir
Des roses dont ma mere
Couronne le plaisir,
En cueillant la fleurette
Qui naîtra sous vos pas,
Sachés être discrette,
Et ne la fanés pas ?

✥

D'un Amant qui soûpire
Craignés peu les efforts ;
Observés son délire ?
Retenés ses transports ;
Tel qui peint son martyre
Souvent n'est qu'un trompeur ;
Dans ses yeux sachés lire
Ce qu'il a dans le cœur ?

✥

Des charmes du bel âge
Au printems de vos jours
Faites un bon uſage ?
Et ſongés qu'ils ſont courts
Que le Tems, d'un coup d'aîle,
Détruit rapidement
Les attraits d'une Belle
Et les feux d'un Amant.

❖

Quand la délicateſſe
Formera votre choix,
Aimés avec tendreſſe ;
Mais n'aimés qu'une fois,
Il faut quand je l'allume,
Ce feu, ce vrai deſir,
Il faut qu'il vous conſume
Dans les bras du Plaiſir.

*Aux* BERGERS.

Air. *Que ce beau jour promet d'heureux inſtans.*

Aux Jeux charmans qui vont vous engager,
Livrés-vous ? faites choix d'une Bergere ?
( *A part.* )
Et moi, je vais ſous les traits d'un Berger
Sonder ſon cœur, & chercher à lui plaire.

DIVERTISSEMENT.

*FIN DU PROLOGUE.*

# LE PRIX DE LA BEAUTÉ,

*OU*

# LES COURONNES:

## *PASTORALE.*

# ACTEURS.

DAPHNIS, *Amant de* SILVIE.

SILVANDRE, *Amant de* SILVIE.

SILVIE, *jeune & belle* BERGERE.

LYCAS, *Chef des* BERGERS.

*BERGERS & BERGERES.*

*La Scene est dans le bas d'un Vallon, en avant d'une Prairie.*

Gravé par Martinet.

Regnez sur nous
Jeunes Bergeres.

# LE PRIX DE LA BEAUTÉ, OU LES COURONNES.

## *ACTE PREMIER.*

*Le Théâtre repréſente un Vallon & un Verger, en avant d'une Prairie que l'on ne voit point.*

### SCENE PREMIERE.

*DAPHNIS, ſeul.*

DAPHNIS.

Air noté, N°. 1. de *M. Blaiſe.*

Ou, *Dans ma Cabane obſcure.*

A Peine, à ma paupiere,
Brille l'aſtre du jour,

Qu'elle s'ouvre & s'éclaire
Au flambeau de l'Amour ;
Et ma foible exiſtence
Développant ſes feux ?
Silvie a la puiſſance
D'enchaîner tous mes vœux.

Déja l'Amour m'inſpire,
Il eſt ſur mon berceau ;
Il m'apprend à ſourire ;
Il n'a point de bandeau ;
Je le flatte, il m'amuſe,
Mon cœur veut s'exprimer ;
Mais ma bouche refuſe
Les ſons qu'il veut former.

Un jour que ma Silvie
Dans mes yeux innocens
Croit voir la douce envie
Qui careſſe mes ſens.
A ton âge,... dit-elle,
Eſt-ce qu'on ſçait aimer ?
Jeune enfant ?... & la belle
Me donne un doux baiſer.

J'ai paſſé mon enfance,
J'ai vû croître mes feux.

Dans mon adolescence
Même ardeur, mêmes vœux,
Ma Bergere l'oublie
Peut-être son baiser;
Il fut pourtant la vie,
L'ame de son Berger.

## SCENE II.

### *DAPHNIS, LYCAS.*

LYCAS.

Air. *Là haut sur ces Montagnes.*

Tandis que l'on apprête
Par-tout dans nos forêts
Une brillante Fête,
Et des jeux pleins d'attraits;
Que Silvie a pour elle
Réuni tous les vœux;
Quoi, son Berger fidelle
Semble éviter ses yeux?

DAPHNIS, *avec vivacité.*

Air. *L'austere Philosophie.*

Auroit-on jamais pu faire
Cher Lycas, un plus beau choix?
D'autres, que de ma bergere,
Pouvoit-on suivre les loix?

Qui la voit, pourroit-il ſuivre
D'autres pas, & d'autre amour !
Qui la voit, pourroit-il vivre
Sans l'adorer chaque jour ?

Air *noté à la fin.* N°. 2.
Ou, *Ces tendres fleurs qui parent la verdure.*
Ou, *Quoi! vous partés*, (en ſéparant les quatre premiers Vers.)

Tu la connois cette beauté charmante,
Divinité de cet heureux ſéjour ;
Quand tu la vois, ami, qu'elle t'enchante,
Ne dis-tu pas, c'eſt la mere d'Amour :
Quand ſur ſes pas, dans ſes yeux, tu vois naître.
Autant d'amour qu'il te naît de deſirs,
Ne ſens-tu pas, trop vivement, peut-être....
Multiplier tes amoureux ſoûpirs ?

Qui ne l'a vûe, n'a rien vû ſur la terre ;
Grace, enjoûment, eſprit, douceur, beauté ;
Elle embellit juſqu'au jour qui l'éclaire ;
Par une noble & douce majeſté,
Régnant ſans art ſur la nature entiere.
Flore ſe plaît à lui cueillir des fleurs ;
Et pour ſauver un reſte de lumiere,
La jeune Aurore emprunte ſes couleurs.

LYCAS.

Air. *Ingrat Berger qu'eſt devenu.*

Que tu ſçais bien peindre l'ardeur
Qui fait couler tes larmes ;

Mais je lis au fond de ton cœur
De mortelles allarmes,
Ah Daphnis! qui sçût mieux que toi
Mériter son cœur & sa foi?

DAPHNIS.

Air *noté à la fin*. N°. 3.

Ou, *L'on est tenté de la prendre pour la mere de l'Amour.*

Il est vrai que je l'adore;
Mais conçois-tu mon malheur,
Un autre Berger encore
De même a droit sur son cœur.
Cette belle
Se rappelle
Sans cesse nos tendres feux;
Et Silvandre
Peut prétendre
A voir couronner ses feux.

LYCAS.

Air. *Charmante Gabrielle.*

La beauté sur ses traces
Entraîne tous les cœurs;
Pour elle, & pour les Graces,
La terre offre des fleurs.
Tout veut lui rendre hommage;
Tout est jaloux
D'obtenir sans partage
Un bien si doux.

Air Italien, *noté à la fin.* N°. 4.

Je vois ton embarras,

DAPHNIS.

Tu ne le conçois pas,
Non, non, Lycas,
Non, non, Lycas,
Tu ne le conçois pas.
Un ſeul de nous l'a pû charmer
Un ſeul a ſçu s'en faire aimer.
Sur ce ſecret
Toujours diſcret
Son cœur ſe taît.
Ce feu myſtérieux....
Mon rival trop heureux
S'offre à nos yeux,
Lycas, ô Dieux!
Quittons ces lieux?

*(On entend* SILVANDRE *ſur le haut d'un Côteau.)*

SCENE

## SCENE III.

*SILVANDRE sur le haut d'un Côteau.*

SILVANDRE.

Air. *Quoi ! vous partés.*

Aube du jour qui m'arrache à Silvie,
Te leves-tu pour voir couler mes pleurs ?
Ce jour est-il le dernier de ma vie ?
Ou le dernier de mes vives douleurs ?
Aube du jour qui m'arrache à Silvie,
Te leves-tu pour voir couler mes pleurs ?

Air. N° 5.

Ou, *J'ai passé dans ces Hameaux.*

Jai passé dans ces Hameaux
De mes jours la premiere aurore,
A faire dire aux Echos
Le nom de celle que j'adore ;
J'ai tant chanté ce beau nom
Aux oiseaux de ce bocage,
Qu'ils se sont de ma chanson
Composé leur ramage.

*( Il se promene dans le Bois. )*

Air *noté à la fin.* N°. 6.

Ou, *Dans ma Cabane obscure.*

Ou, *De mon Berger volage.*

C'est dans cette prairie,
C'est ici, qu'un beau jour
Aux genouils de Silvie
Amené par l'Amour ;
Silvandre, qu'elle est belle,
Me dit ce Dieu vainqueur,
Aimes-la, sois fidelle,
Je ferai ton bonheur.

Fûs-je jamais parjure
Aux sermens que j'ai faits ?
Amour, de ma blessure
Ai-je arraché tes traits ?
Tous les jours, je l'appelle ;
Tous les jours, je la vois,
Et suis toujours près d'elle
Pour la premiere fois.

Air Italien. N°. 7.

Ou, *Grazzie al inganni.*

Mais puis-je concevoir
L'espoir
D'obtenir la préférence ?
Est-ce la persévérance
Qui pourroit me la faire avoir ?

Un Amant qui chérit sa chaîne,
Pourroit-il rompre sans peine
Des nœuds qui tiennent les plaisirs,
Enchaînés avec ses desirs.

Air. *Sûre de ta foi, je viens dans le Hameau.*

Ah! pour mon malheur;
Je ne puis
A Daphnis
Imputer l'horreur
De mes affreux soucis:
Le premier
De l'Amour il sentit les coups,
Ce Berger,
Comme moi, les trouva si doux.

(*L'on entend un grand bruit d'instrumens & les acclamations d'un Chœur.*)

Air. Mineur de *Sûre de ta foi.*

Quels accens!
Quel bruit! quels sons bruyans!
De toutes parts ensemble!
Ces concerts
Semblent frapper les airs
De mille sons divers:
Il me semble
Qu'on s'assemble:
Allons? ne différons pas?
Dans cet instant plein d'appas;
Chercher la vie ou le trépas.

## SCENE IV.

### *COURONNEMENT DE SILVIE.*

*Le Théâtre change & repréſente une Prairie où les* BERGERS *ont élevé un Trône de Fleurs, ſous des Pavillons de Roſes, & de Jaſmins, ſoutenu par des gradins de verdure.* SILVIE *entourée de* BERGERS *& de* BERGERES, *ayant* DAPHNIS *&* SILVANDRE *à ſa gauche.*

*SILVIE, DAPHNIS, SILVANDRE, LYCAS,* BERGERS, BERGERES.

CHŒUR.

Regnés ſur nous<br>
Jeune Bergere;<br>
Régnés ſur nous,<br>
Rien n'eſt ſi doux.

DAPHNIS.

Que les Ris, les Jeux d'une aîle légere<br>
Pour vous couronner ſe raſſemblent tous.

AVEC LE CHŒUR.

Régnés ſur nous<br>
Jeune Bergere;<br>
Régnés ſur nous,<br>
Rien n'eſt ſi doux.

SILVANDRE.

Tous nos plaiſirs ſeront ceux de vous plaire ;
Nous venons le jurer à vos genoux.

AVEC LE CHŒUR.

Régnés ſur nous
Jeune Bergere ;
Régnés ſur nous,
Rien n'eſt ſi doux.

SILVIE, *au milieu des* BERGERS, *attriſtée & regardant le Trône qu'on lui deſtine.*

Air. *Si des Galans de la Ville.*

Gloire, Honneur, Trône, Couronne,
Vous ne tentés point mon cœur :
L'éclat qui vous environne
N'eſt qu'une fauſſe ſplendeur.

Si j'apprends à vous connoître ;
Mon cœur deviendra léger,
Et ſçaura bientôt peut-être
L'art de tromper un Berger.

Gloire, Honneur, Trône, Couronne ;
Vous ne tentés point mon cœur ;
L'éclat qui vous environne
N'eſt qu'une fauſſe ſplendeur.

*En regardant les Bergers.*

Pour accomplir vos mysteres,
Bergers pour suivre vos loix,
Parmi ces jeunes Bergeres
Faites un plus digne choix,
Parmi ces jeunes Bergeres
Faites un plus digne choix.

❦

Gloire, Honneur, Trône, Couronne,
Que vous tentés peu mon cœur,
L'éclat qui vous environne
N'est qu'une fausse splendeur.

CHŒUR DE BERGERES.

Air. *Printems dans nos Bocages.*

Nous voyons sans allarmes
Couronner vos attraits;
C'est le prix de vos charmes
Nos vœux sont satisfaits.

SILVIE *attristée.*

Hélas! quels bienfaits,
Dieux, qu'ils vont me coûter de larmes!
Funestes attraits?...
Mes plus beaux jours couloient en paix.

CHŒUR GÉNÉRAL.

Nous voyons sans allarmes
Couronner vos attraits,

C'eſt le prix de vos charmes,
Nos vœux ſont ſatisfaits.

*(Les* BERGERS *mêlés avec les* BERGERES *forment une chaîne autour du Trône, en tenant des Guirlandes de Fleurs, & danſent l'air précédent.)*

*(Divertiſſement général.)*

*(Pas de Trois de* SILVIE, DAPHNIS *&* SILVANDRE.*)*

*(La chaîne des* BERGERS *s'ouvre.* DAPHNIS *va prendre la* BERGERE *pour la conduire ſur le Trône.* SILVANDRE *à ſes côtés, tient une Couronne de Fleurs pour la lui poſer ſur la tête.)*

DAPHNIS *conduiſant la jeune* BERGERE *ſur le Trône.*

Air. *Quand aux Champs dès le matin.*

Au ſon de nos chalumeaux,
Sur ce trône de verdure,
Richeſſe de nos hameaux,
Simples dons de la nature;
..... A la félicité
D'un peuple qui vous aime,
Venés, jeune beauté
Joindre le Diadême.

SILVANDRE *lui préſentant la Couronne.*

Pour combler tous nos deſirs,
Recevés cette Couronne,
Par la main des doux plaiſirs
C'eſt l'amour qui vous la donne;
Chériſſés ſes faveurs,
Ce Dieu qui nous inſpire

Au milieu de nos cœurs
A fondé votre Empire.

LYCAS.

Enchantés & ſatisfaits,
Vous qui voyés cette Belle,
N'approchés pas de trop près,
Un Dieu veut triompher d'elle.
Fuyés, craignés ſes traits,
Il appelle, il careſſe,
Mais l'on ne peut jamais
Guérir quand il nous bleſſe.

*(Contredanſe.)*

DAPHNIS *tranſporté de joie.*

Air. *Ah! le bel Oiſeau Maman.*

Habitans de ces Hameaux,
Petits hôtes des bocages,
Qui ſouvent ſous ces ormeaux
Formiés vos plus doux ramages;
Accourés petits oiſeaux,
Venés rendre vos hommages,
A la beauté que l'Amour
Couronne dans ce beau jour.

SILVANDRE.

Allés l'apprendre aux échos,
A nos forêts, dans la plaine,
A nos vergers, nos ruiſſeaux,
Aux bords de chaque fontaine;

Que

Que tout célébre en ce jour
Notre aimable Souveraine?
Que tout célébre en ce jour
Les mysteres de l'amour?

## *DIVERTISSEMENT.*

### UNE PRINCIPALE BERGERE.

Air. Mineur du *Cotillon couleur de Rose.*

Non, ce n'est que dans nos forêts,
Et sur les bords d'une onde pure,
Qu'on goûte des plaisirs parfaits,
L'innocence qui les épure,
Les suit de près,
Et pour jamais,
Dans ces beaux lieux nous les assure.
L'heureux Berger
Sçait les chercher,
Et ne peut les effaroucher.

### UNE SECONDE BERGERE.

Le flambeau de nos premiers jours,
Brille d'une vive lumiere.
Nos berceaux faits par les amours?...
Les Ris nous ouvrent la paupiere;
Et dès l'instant,
Qu'au sentiment,
Notre cœur se livre & s'éclaire,

Le tendre amour
Vient à ſon tour
Nous préſenter le plus beau jour.

UNE TROISIÉME BERGERE.

C'eſt de ce jour, que nous datons
Le bonheur de notre exiſtence.
Dans nos jeux, & dans nos chanſons;
Nous en célébrons la naiſſance;
Nous ne vivons,
Ne reſpirons,
Que pour adorer la puiſſance
Du Dieu vainqueur,
Aimable auteur,
De nos jours & de notre ardeur.

*FIN DU PREMIER ACTE.*

# LE PRIX DE LA BEAUTÉ,

*OU*

# LES COURONNES,

*PASTORALE.*

# ACTEURS.

DAPHNIS, *Amant de* S*ILVIE*.

SILVANDRE, *Amant de* S*ILVIE*.

SILVIE, *jeune & belle* B*ERGERE*.

LYCAS, *Chef des* B*ERGERS*.

*B*ERGERS *&* B*ERGERES*.

*M*ARINIERS *&* M*ARINIERES*.

*La Scene se passe dans un petit Bois entrecoupé de Buissons & de Ruisseaux, en avant d'un Vallon.*

Gravé par Martinez.

Je crains, et je n'ose approcher ;
Sur ses beaux yeux l'Amour veille.

# ACTE SECOND.

## SCENE PREMIERE.

*SILVIE se promenant dans le petit Bois.*

SILVIE.

Air. *Sous ces Ormeaux, je badinois.*

DAns ces forêts,
Je promene en vain mes regrets ;
Ces ombrages frais,
N'ont plus d'attraits
A mes yeux,
Dieux !
Dans le ſein des honneurs,
Des grandeurs,
Tous les biens ſont trompeurs ;
Le faux éclat qui luit,
Eblouit,
Et toujours nous ſéduit,

Mon triste cœur
En reconnoît toute l'erreur ;
Je perds ce bonheur,
Dont jusqu'ici
J'ai joui ;

L' E C H O.

*Oui ?*

SILVIE, *étonnée, court précipitamment à l'endroit où elle a entendu l'*E C H O, *& veut le consulter.*

Air. *Dans un Bocage frais fait exprès.*

L'Echo de ce vallon
Me répond,
Il peut m'apprendre pourquoi,

L' E C H O.

*Quoi ?*

S I L V I E.

Un vain honneur
Affligeant mon cœur,
Me coûte sans le chercher ;

L' E C H O.

*Cher !*

S I L V I E.

J'ai deux Amans,
Charmans,
Tendres & constans ;

De tous les deux
Je ne puis combler les vœux ;
Quoi ? ſans raiſon,
Et ſans trahiſon,
Pourrois-je à l'un dire non ?

L'ECHO.

*Non.*

SILVIE.

Mêmes ardeurs
Enflâment leurs cœurs.
Dois-je être ingrate à ce point ?

L'ECHO.

*Point.*

SILVIE.

Hélas ! comment
Me ſouſtraire à ce tourment ?
Auquel des Dieux
Faut-il adreſſer mes vœux ?
Dans mon embarras....
Ne puis-je pas ?...
Mais je n'en puis choiſir qu'un,

L'ECHO.

*Qu'un.*

SILVIE *impatientée.*

Cruels Echos,
Vous plaignés mes maux ;

Mais vous ne me dites rien,

L' E C H O.

*Rien.*

( *Elle se promene en se livrant à ses réflexions.* )

S I L V I E.

Air. *Je m'éloigne vainement de cette Fontaine.*

En couronnant d'un vainqueur
La tendresse extrême;
L'autre mourra de douleur,
Il m'aime de même.
Quoi? je ferois le malheur
D'un Berger qui m'aime?
D'un Berger qui m'aime?

( *Un Ramage d'Oiseaux se fait entendre, la* BERGERE *court sous le Feuillage, & se plaint aux Oiseaux de son sort.* )

S I L V I E.

Air Italien, *noté à la fin.* N°. 1.

Vous, qui dans ces forêts,
Entendés mes regrets?
Plaignés-les!
Plaignés-les?
Sous ce naissant feuillage
Par votre doux ramage...
Charmans petits Oiseaux,
Adoucissés mes maux!

*Le*

*( Le ramage cesse. Silvie désespérée revient au bord du Théâtre, en se plaignant que tout l'abandonne. )*

SILVIE.

Air. *J'étois seule en un Bocage.*

Tout est sourd dans la nature,
Tout se taît à mes accens.
Ces Ruisseaux, dont le murmure
A fait mes amusemens;
Ces réduits frais & champêtres;
Ces hêtres...
Ah! ç'en est fait...:
Portons ailleurs mes allarmes?
Mes larmes,
Tout m'y déplaît.

*( Elle veut sortir; mais elle revient par réflexion. )*

SILVIE.

Air. O *Pierre! ô Pierre! j'étois morte sans vous.*

Mais où vais-je? & que dis-je?
Une barbare Loi,
Me retient & m'afflige,
Dans ces lieux malgré moi.
Où suis-je?
Où suis-je?
Quel jour affreux pour moi?

*( Elle s'assit sur un Gazon, au bord d'un des Ruisseaux; la tête appuyée sur sa main. )*

SILVIE.

Air. *Ne vla-t'il pas que j'aime.*

Je touche peut-être aux momens....
Je n'y pourrai survivre.
Le sommeil vient flatter mes sens,
Il faut que je m'y livre.

*(Elle s'endort & l'on entend aussi-tôt une Symphonie qui exprime un sommeil agréable entrecoupé par un ramage d'Oiseaux, & le murmure des Ruisseaux.)*

## SCENE II.

*SILVIE endormie, DAPHNIS se promenant dans le Bois sans voir la BERGERE qu'il cherche.*

DAPHNIS.

Air Italien, *noté à la fin.* N°. 2.

Que ces lieux ont eu pour moi de charmes?
C'est dans ce séjour,
Que vit un beau jour,
Naître mon amour.
C'est ici, qu'éloigné des allarmes
J'adorai souvent
Cet objet charmant
Qui fait mon tourment.

*(Il l'apperçoit dormant sur le Gazon, & vole auprès d'elle.)*

Mais que vois-je? ô Ciel! que vois-je?... ma Bergere.
O doux mystere!
O moment trop heureux!
Sur ses beaux yeux,
L'astre du jour qui nous éclaire,
Porte ses regards,
Et de toutes parts,
La livre aux hazards.
Tâchons d'écarter un peu sa lumiere?
Qu'il me laisse un instant ce seul coin de la terre?
Un seul instant?
Qu'à mes vœux rien ne soit contraire?
Hélas! bien souvent,
Le sort d'un Amant
Dépend d'un instant.

*( Il sort & va chercher des* Bergers *qui entrent avec des Branchages de verdure & des Fleurs, avec lesquels ils forment un Berceau sur la tête de la* Bergere. *Pendant l'intervale, la Symphonie exprimant les ramages, le sommeil & le murmure des eaux, recommence.)*

*( Divertissement autour du Berceau, à petit bruit & au son des flûtes douces. )*

DAPHNIS *cueille des Roses autour du Berceau, en fait une Couronne, & la met doucement sur la tête de la* Bergere.

Air. *A quoi s'occupe Magdelon.*

Vit-on jamais rien de si beau?
Ah! tandis qu'elle sommeille,

Faiſons, des fleurs de ce berceau,
Un diadême nouveau.

❦

Je crains & je n'oſe approcher;
Sur ſes beaux yeux l'Amour veille;
Ce Dieu ſemble me reprocher
D'être venu la chercher.

*( Il paſſe à l'autre bout du Berceau, l'admire & chante les Couplets ſuivans. )*

DAPHNIS.

Air *noté à la fin.* N°. 3.

Ou, *Dans ma Cabane obſcure.*

Tant que la Marguerite
Croîtra dans nos vallons,
Que cette fleur petite
Ornera nos gazons,
Tu ſeras, ma Silvie,
La Reine de mon cœur,
Le charme de ma vie,
L'aſtre de mon bonheur.

❦

Le matin, quand l'aurore
Viendra verſer ſes pleurs,
Que les Amans de Flore
Careſſeront nos fleurs,
J'irai ſous le feuillage,
Pendant ton doux ſommeil,

Aux oiſeaux du bocage
Annoncer ton réveil.

Le jour dans la prairie,
J'irai graver ton nom ;
Sur l'écorce polie
Des Hêtres du canton ;
Je le verrai paroître
A mes yeux chaque jour.
Mais il ne pourra croître,
Autant que mon amour.

Le ſoir, quittant la plaine,
Je dirai tout ſurpris,
Le Soleil me ramene ;
N'eſt-il donc plus de nuits ?
Mais non ; c'eſt qu'il différe
De quitter les beaux yeux
De la jeune Bergere
Dont je ſuis amoureux.

*(L'on entend des accords de Muſettes & d'Inſtrumens, qui paroiſſent ſortir des bords du Ruiſſeau, auprès duquel la jeune* BERGERE *eſt endormie.)*

DAPHNIS.

Air Italien, *noté à la fin.* N°. 4.

Quel bruit ſe fait entendre?
Qui peut venir en ces lieux ?

Ah! j'apperçois Silvandre,
Ma Bergere ouvre les yeux,
Fuyons? & qu'elle ignore,
Lequel de ces deux Amans
A pû jouir encore
De ces doux momens?

## SCENE III.

*SILVIE, s'éveillant, paroît étonnée de se trouver sous un Berceau, n'en ayant point vû à l'endroit où elle s'est endormie, ni dans aucun endroit du Bois. Elle admire le Berceau & sa Couronne, elle se promene à l'entour, & paroît agitée.*

SILVIE.

Air. *Quand on sçait aimer & plaire.*

Que vois-je? est-ce un songe? où suis-je?
Eh! quels miracles nouveaux?
Dieux puissans, par un prodige,
Pensés-vous calmer mes maux?

Deux Bergers causent mes larmes;
Tout est pour moi sans appas;
Ah! dissipés mes allarmes?
Ou donnés-moi le trépas?

Que vois-je? est-ce un songe? où suis-je?
Eh! quels miracles nouveaux,
Dieux puissans, par un prodige,
Pensés-vous calmer mes maux?

Mais, que dis-je?.... cet ouvrage
Est de la main de Daphnis;
Chaque fleur de ce feuillage,
(*Bis.*) Est pour moi du plus grand prix.

Que vois-je? est-ce un songe? où suis-je?
Eh! quels miracles nouveaux?
Dieux puissans par un prodige,
Pensés-vous calmer mes maux?

## SCENE IV.

*SILVIE, SILVANDRE, BERGERS, BERGERES, MARINIERS galants & MARINIERES.*

SILVANDRE *arrivant dans des petites Chaloupes ornées de Guirlandes de Fleurs, suivi de* BERGERS & BERGERES *tenants des Corbeilles de Fleurs & de Fruits, de petits Agneaux & des Colombes blanches, ornées de Fleurs & de Rubans.*

Air. *Quand on vient dans ce Bocage peut-on s'empêcher d'aimer?*

VEnés tous, à ma Bergere,
Offrir l'encens de vos cœurs?
Empressés-vous à lui plaire,
A mériter ses faveurs?

CHŒUR.

Empressons-nous à lui plaire,
A mériter ses faveurs?

*DIVERTISSEMENT.*

SILVANDRE *offrant les Corbeilles.*

Air *noté à la fin.* N°. 5.

Déjà du Temple de l'Amour,
Nos Bergers occupent l'enceinte,

L'on

L'on vous attend, & dans ce jour,
Saisi d'une mortelle atteinte,
Mon triste cœur vient vous offrir
Ces fruits, ces dons de Flore,
Que par-tout, pour vous embellir,
La Terre fait éclorre.

SILVIE *agitée, recevant les présens.*

Air. *Aimons-nous belle Thémire.*

Ces soins obligeans sans cesse
Partent d'un cœur plein de tendresse,

*( Elle est embarrassée, regarde de tous côtés, & ne sçachant comment reconnoître les attentions de SILVANDRE, elle lui donne la Couronne qu'elle tient à la main. )*

Le mien est reconnoissant,
Berger charmant,
Ce gage en est garant.

SILVANDRE, *transporté de joie, prenant la Couronne, & se jettant à ses genoux.*

Air. *Dieu des ames.*

Ma Silvie
A ma vie
S'intéresse donc encor ?
Quoi Silvandre
Peut prétendre
A jouir du plus beau sort ?

Ah! Bergere,
Tu m'es chere,
J'en atteste tes beaux yeux.
Vois mes larmes,
Mes allarmes,
Sans cesse accroître mes feux?

SILVIE *attendrie.*

Air. *Je chérirai mon Ismene.*

Qu'il m'est doux de les entendre
Ces sermens que tu me fais?
Au Temple je vais me rendre....
Oui.... j'y dirai mes secrets;
Mais de moi, mon cher Silvandre,
Tu ne te plaindras jamais:

SILVANDRE *appellant les* BERGERS.

Air. *Tout le long de la Riviere.*

Vous, qui sur les aîles
Des tendres desirs,
A côté des Belles,
Menés les plaisirs.
Tout le long de ces rivieres,
Promenés vos pas?
Chacune de vos Bergeres
Offre mille appas.

UN BERGER.

Sur ces bords tranquilles
La simplicité,

Bâtit des aſyles
A la volupté.
Tout le long de ces rivieres,
Promenés vos pas ?
Chacune de vos Bergeres
Offre mille appas.

❦

La tendre nature,
Forme ici les mœurs ;
Jamais l'impoſture,
N'entra dans les cœurs.
Tout le long de ces rivieres,
Promenés vos pas ?
Chacune de vos Bergeres
Offre mille appas.

## *DIVERTISSEMENT GÉNÉRAL*

*ſur l'Air précédent.*

### UNE MARINIERE.

Air *noté à la fin.* N°. *6.*

Ou, *Vous qui parcourés le monde.*

Sur cette onde favorable,
Charme de nos plus beaux jours,
Avec nous, Bergere aimable,
Venés chercher les Amours ?
Sur vos pas il en va naître,
Autant qu'il naîtra de fleurs ;

Hâtés-vous de donner l'être
A ces petits Dieux vainqueurs ?

UN MARINIER.

Tout le long de ces rivages,
Jamais les vents inconſtans
N'ont exercé de ravages,
Il y régne un doux Printems;
Les Zéphirs toujours en pouppes,
Et raſſemblés ſur ces eaux,
Vont entrer dans nos Chalouppes.
Pour enfler nos chalumeaux.

UNE MARINIERE.

Ah! qu'il eſt beau le voyage
Que l'on fait avec l'Amour,
Ce n'eſt jamais qu'un paſſage
Qui ſemble toujours trop court;
L'heureux Berger qui ſoupire,
Loin de regarder le bord,
Craint d'approcher & deſire
De voir éloigner le Port.

*( Contredanſe. )*

*( L'on embarque* SILVIE *au ſon des Fanfares.*

FIN DU SECOND ACTE.

# LE PRIX DE LA BEAUTÉ,

*OU*

# LES COURONNES;

*PASTORALE.*

# ACTEURS.

DAPHNIS, *Amant de* SILVIE.

SILVANDRE, *Amant de* SILVIE.

SILVIE, *jeune & belle* BERGERE.

LYCAS, *Chef des* BERGERS.

*VIEUX BERGERS & BERGERES.*

*L'AMOUR.*

*NYMPHES, CHASSEURS.*

*La Scene se passe dans le Temple de l'Amour, en avant d'une Forêt.*

*C'est à cet Autel qu'on s'engage.*
*C'est icy que l'on choisit son Vainqueur.*

# ACTE TROISIÉME.

*Le Théâtre représente le Temple de l'Amour, en avant d'une Forêt sombre. On y voit un Autel sur lequel s'éleve une flâme étincelante. SILVIE devant l'Autel un Flambeau à la main, entourée de vieux PASTEURS & de jeunes BERGERES.*

## SCENE PREMIERE.

*SILVIE, BERGERS, BERGERES.*

SILVIE.

Air. *Quand vous entendrés le doux Zéphir.*

Dieu des Amans,
Entends
Mes accens!
Charmant Amour? qu'en ce temple on adore,

Dieu des Amans,
Reçois mon encens?
Viens! defcends!
Je t'implore.
De ces inftants,
Que j'ai craint long-temps....
Le terme & l'horreur
Vient glacer mon cœur;
A peine il refpire....
Sans ceffe il foupire,
Il craint fon malheur;

Dieu des Amans
Entends
Mes accens?
A mes tourmens,
Seras-tu fourd encore?
Sans ton fecours,
De mes triftes jours,
Vois terminer l'Aurore?

(*Elle fe retourne vers les* BERGERS.)

SILVIE.

Air. *La mort de mon cher Pere.*

Vous qui caufés mes larmes,
Infenfibles Pafteurs?
Sans pitié, fans allarmes,
Verrés-vous mes douleurs?

D'un

D'un Berger qui m'adore,
Vous tramés le malheur ;
Mais mon ſecret encore
Eſt au fond de mon cœur.

UNE BERGERE à *Silvie*.

Air. *Aſſis ſur l'herbette.*

Chaſſés la triſteſſe ?
Qu'ici la gaieté
Renaiſſe
Sans ceſſe
De la volupté !
L'Amour vous engage ;
Laiſſés-vous charmer ?
Bergere à votre âge
Il ne faut qu'aimer.

*( L'on danſe. )*

## *DIVERTISSEMENT.*

UN BERGER à *Silvie*.

Air *noté à la fin.* N°. 1.

Ou, *Goûtons bien les plaiſirs*, *Bergere.*

Aimés, aimés, jeune Bergere,
Un cœur, ſans amoureux ſoucis,
N'eſt qu'une ombre légere
Que bercent les ennuis,
Jamais rien ne l'éclaire,
Il ne voit que des nuits.

UN BERGER.

Les plaiſirs que l'Amour fait naître,
Sont immortels comme nos cœurs,
Sans ceſſe on les voit croître,
De même que les Fleurs.
Ils ne ſe font connoître
Qu'aux ſinceres ardeurs.

UN IIIe BERGER.

Aimer eſt le ſeul bien, Silvie,
Tout vous dit qu'il faut s'engager;
Le ſonge de la vie
Eſt trop court, trop léger,
Pour n'avoir pas l'envie
De ſe dédommager.

*( L'on danſe. )*

UN VIEUX BERGER *conduiſant* SILVIE *à l'Autel.*

Air. *Dans nos Bois s'il coule des larmes.*

C'eſt à cet Autel qu'on s'engage,
C'eſt ici que l'on choiſit ſon vainqueur,
L'on n'y voit point d'Amant volage
Parjurer l'offre qu'il fait de ſon cœur.
La Bergere a pour appanage,
La ſimplicité,
La candeur & la vérité;

Le Berger qui lui rend hommage,
Adore les nœuds,
Qui vont le rendre heureux.

*( L'on entend une Symphonie qui annonce l'arrivée de* DAPHNIS *& de* SILVANDRE, *amenés par les* BERGERS. *)*

## SCENE II.

### *SILVIE, DAPHNIS, SILVANDRE, tous les* BERGERS *rassemblés.*

SILVIE *voyant arriver ses deux Amans.*

Air. *Au bord d'un clair Ruisseau.*

DUre nécessité !
Cruelle obéissance,
N'est-il plus d'espérance ?
Pour mon cœur agité !
Ah ! quelle cruauté !
Tout ici m'abandonne ;
Et pour une Couronne
Je perds ma liberté.

*( L'on amene* DAPHNIS *&* SILVANDRE, *on les place tous deux aux côtés de l'Autel.* SILVANDRE *est paré de Fleurs & de la Couronne que* SILVIE *lui a donnée à la fin du second Acte, en recevant ses présens ; laquelle lui avoit été donnée par* DAPHNIS, *tandis*

*qu'elle dormoit ; DAPHNIS est ſimplement vêtu ſans Fleurs ni Couronne.*

LE CHEF DES BERGERS *s'approchant de SILVIE.*

Air. *Nous jouiſſons dans nos Hameaux.*

Le Dieu qui donne les beaux jours,
Que vous goûtés, Bergere,
Ne permet plus à vos amours
De garder le myſtere.
Décidés-vous ? faites un choix ?
Tant de délicateſſe,
Contraire en ce jour à nos Loix ;
Devient une foibleſſe.

Air *noté à la fin.* N°. 2.

Il faut qu'un de ces deux Amans,
Partage avec vous la Couronne ;
Songés à remplir vos ſermens ?
Songés que l'Amour vous l'ordonne ?
Celui qui ſera votre époux,
Doit régner ici parmi nous.

SILVIE *s'avance vers l'Autel, regarde ſes deux Amans avec tendreſſe, elle héſite à leur parler.*

Air. *Ah ! vous ne m'aimés pas.*

Objets dignes ſans ceſſe
De ma tendre amitié ?

( *Elle ne peut ſoutenir leurs regards & ſe retourne vers les BERGERS.* )

Ah ! je vois leur tendreſſe
Implorer ma pitié ;
Faut-il que je ſubiſſe
Vos rigoureuſes loix ?
Bergers, ſans injuſtice,
Puis-je faire mon choix ?

LE CHEF DES BERGERS.

Air *noté à la fin.* N°. 3.

Ou, *J'ai vu de notre Roi.*

Vous offenſés l'Amour.
Sous ſon charmant Empire
Quand on perd un beau jour,
En vain l'on en deſire.

SILVIE *retournant aux Autels.*

Air. *Petits Moutons gardés la plaine.*

(*à part.*)

Vous le voulés... que vais-je faire ?
Ingrats ? vous ſerés ſatisfaits,
Mais craignés que votre Bergere
Ne quitte ces lieux pour jamais.

(*Elle s'apperçoit que* DAPHNIS *n'a ni Fleurs ni Couronne.*)

Air. *Je ne ſçais ce qu'il me veut dire.*

Quoi ! Daphnis n'a point de Couronne ;
Sans Fleurs il paroît à mes yeux.

*( Elle le regarde tendrement. )*

Ah ! crois-tu que je t'abandonne ?...
Ton cœur doit me connoître mieux.

*( Elle lui donne la Couronne qu'elle a ſur la tête. )*

*( à part. )*

Tiens ?... Je ne ſçais que lui dire ;
Mais je ſens que mon cœur ſoupire.

SILVANDRE *voyant qu'elle donne ſa Couronne à* DAPHNIS.

Air. *Dans un lieu ſolitaire & ſombre.*

Ai-je donc perdu ma Bergere ?
O Ciel ! que vais-je devenir !

*( A* SILVIE, *en lui préſentant ſa Couronne. )*

Si ce préſent ne peut vous plaire,
Ç'en eſt fait, il me faut mourir.

SILVIE *prenant la Couronne de* SILVANDRE.

Air. *Raiſonnés ma Muſette.*

Oui ce préſent me flatte,
Je ne ſuis point ingrate ;
Mon cœur, charmant Berger ;
Ne peut jamais changer.

*( Elle met la Couronne de* SILVANDRE *ſur ſa tête. )*

*( Elle retourne vers les* BERGERS. *)*

SILVIE.

Air. *Que j'entre je vous prie.*

En vain à l'obéissance
Je veux ranger mon ardeur;
Mais la moitié de mon cœur,
Avec l'autre est en balance.
(*à part.*)
Quel charme suspend ta voix?
Malheureuse Silvie?
*Aux Bergers.*
Faites vous-même mon choix,
Bergers, je vous en prie.
(*Elle s'attendrit & verse des larmes.*)

TRIO.

*DAPHNIS, SILVIE, SILVANDRE.*

DAPHNIS.

Air. *Non, non, Colette n'est point trompeuse.*

Cessés, cessés de verser des larmes,
Quelque soit votre vainqueur....

SILVANDRE.

Cessés, cessés de verser des larmes,
Elles pénétrent mon cœur.

DAPHNIS, SILVANDRE.

Doit-on, avec tant de charmes;
Succomber à la douleur ?

SILVIE.

De l'un de vous ſans allarmes
Puis-je cauſer le malheur ?

LES DEUX BERGERS.

Ceſſés, ceſſés de verſer des larmes,
Elles pénétrent mon cœur.
Elles pénétrent mon cœur.

LE CHEF DES BERGERS.

Air *noté à la fin*. N°. 4.

Non, non, c'eſt trop vous en défendre;
Il faut céder, il faut vous rendre
Il faut déclarer votre ardeur.

SILVIE.

Mais dans mon embarras extrême....

LE CHEF DES BERGERS.

Comment lire dans votre cœur ?
Si vous n'y liſés pas vous-même.

SILVIE

SILVIE *outrée retourne aux Autels, se désespére, regarde encore ses deux Amans, & revient aux* BERGERS *avec dépit.*

Air *noté à la fin.* N°. 5.

Barbares ? ç'en est fait; je vais quitter ces lieux.

*( Elle veut fuir ; mais les* BERGERS *s'opposent à son passage. )*

LE CHEF DES BERGERS.

Arrêtés, rien ne peut vous soustraire à nos yeux.

SILVIE.

A me persécuter chacun de vous se plaît.

LE CHEF DES BERGERS.

Obéissés aux Dieux....

SILVIE *avec dépit & regardant l'Autel.*

Eh bien ! mon choix est fait.

*( Les* BERGERS *courent à l'Autel, se regardent avec étonnement ; & ne reconnoissant point le choix de la* BERGERE, *la forcent de nouveau à s'expliquer plus clairement. )*

LE CHEF DES BERGERS.

Air Italien, *noté à la fin.* N°. *6.*

Expliqués-vous ?
Parmi nous,
Nommés sans courroux
Votre Epoux ?

Craignés peu les jaloux?

SILVIE *levant les yeux au Ciel.*

Dieux protecteurs!
Dieux vengeurs!

SILVANDRE & DAPHNIS *accourant à elle.*

Calmés vos douleurs?

SILVIE *tombant dans leurs bras.*

Je me meurs....
Je me meurs....
Je me meurs....

SILVANDRE *quittant tout à coup l'habit de* BERGER, *paroît ſous la forme de la Divinité.*

Non, non, non, ſéchés vos pleurs.

Air. *Pour ſoumettre mon ame.*

C'eſt trop long-temps, Bergere,
Cacher l'Amour à vos yeux.
Sous ma forme ordinaire,
Reconnoiſſés-moi tous deux?
Votre flâme généreuſe
Craint de faire mon tourment.
Vous mérités d'être heureuſe,
C'eſt le prix du ſentiment.

DAPHNIS & SILVIE *étonnés & hésitans à parler.*

## *DUO.*

SILVIE.

Air. *Votre cœur, aimable Aurore.*

Quel moment !

DAPHNIS.

Quelle victoire !

ENSEMBLE.

Doux transport charme nos cœurs !

DAPHNIS.

Mon ame a peine à le croire ?

SILVIE *à l'*AMOUR.

Dieu charmant ! que de faveurs !

ENSEMBLE.

Pour nos plaisirs, pour ta gloire,
Eternise nos ardeurs.

L'AMOUR *aux* BERGERS.

Air *noté à la fin.* N°. 7.

Ou, *Goûtons bien les plaisirs.*

Jeunes Amans, c'est la constance
Qui fait couronner les desirs;

L'Amour ne récompenſe
Que les tendres ſoupirs,
Jamais l'indifférence
Ne connut les plaiſirs.

Avec l'heureux talent de plaire,
Tôt ou tard on gagne les cœurs.
L'Amant ſoumis, ſincere,
En butte à mes rigueurs,
Alors qu'il déſeſpére,
Jouit de mes faveurs.

Air. *Quitte ta Muſette, Berger amoureux.*

Je quitte ces plaines,
Et laiſſe en ces lieux,
Pour ſerrer le nœud de vos chaînes,
Les ris & les jeux.
Il faut qu'à la chaſſe,
Ce beau jour ſe paſſe?
Allés avec eux?
Je quitte ces plaines,
Et laiſſe en ces lieux,
Pour ſerrer le nœud de vos chaînes,
Les ris & les jeux.

(*L'*AMOUR *s'envole.*)

## SCENE III.

### *DAPHNIS, SILVIE.*

### DUO.

Air Italien, *noté à la fin.* N°. 8.

QU'il est doux de donner / de devoir } le diadême.
A l'objet qu'on aime,
Quand l'Amour lui-même
Fait notre bonheur.
Un brillant honneur,
Un titre flatteur,
Touchoit peu mon cœur;
Si l'aimable Couronne,
Que l'Amour forme & donne,
Ne payoit mes soupirs,
Ne combloit mes desirs
De mille plaisirs.

(*Fanfares de Chasse.*)

### *DIVERTISSEMENT.*

(*L'on voit arriver des* BERGERS *en* CHASSEURS, *& des* NYMPHES *préparées pour aller à la Chasse.*)

## SCENE IV.

*DAPHNIS, SILVIE,* BERGERS *en* CHASSEURS *&* NYMPHES.

UN CHASSEUR.

Air. *De la Tempé.*

APprêtons nos traits ?
L'Amour nous appelle à la chaſſe.
Apprêtons nos traits ?
Ce Dieu vole dans nos forêts.

Les bois, où l'Amour ſe cache,
Sont remplis de mille attraits,
En le ſuivant à la trace,
L'on ne s'égare jamais.

Apprêtons nos traits ?
L'Amour nous appelle à la chaſſe.
Apprêtons nos traits ?
Ce Dieu vole dans nos forêts.

UNE NYMPHE.

L'ombre & la fraîcheur,
Le ſilence, ami du myſtere,
L'ombre & la fraîcheur,
Tout y ſéduit un jeune cœur.

Sur la naiſſante fougere,
Toujours ſûr d'être vainqueur;
Tendre, jamais téméraire,
Le Berger peint ſon ardeur.

L'ombre & la fraîcheur,
Le ſilence, ami du myſtere,
L'ombre & la fraîcheur,
Tout y ſéduit un jeune cœur.

UNE NYMPHE.

Le chant des oiſeaux....
Des Roſſignols le doux ramage,
Le chant des oiſeaux,
Invite à des plaiſirs nouveaux.

Sous un ſombre & verd feuillage,
Les jours paroiſſent plus beaux;
Les feux de notre jeune âge,
S'allument à leurs flambeaux.

Le chant des oiſeaux....
Des Roſſignols le doux ramage,
Le chant des oiſeaux
Invite à des plaiſirs nouveaux.

***FIN.***

# *APPROBATION.*

J'AI lu, par ordre de Monſeigneur le Chancelier, un Manuſcrit intitulé : *le Prix de la Beauté*, ou *les Couronnes*, composé d'un Prologue & de trois Actes, avec *des Chanſons traduites de l'Italien*, pour être ajoutées à la ſuite de l'Ouvrage. Je n'ai rien trouvé dans la Paſtorale, ni dans les Chanſons traduites, qui ait paru devoir en empêcher l'impreſſion. A Paris, le 15 Janvier 1760.

*B. DELAGARDE.*

# FAUTES A CORRIGER.

PAGE 4, *Air*, J'ai vu de notre Roi, *voyez* à la fin, N°. 2.

Page 7, *Air*, N°. 5, de M. Naudé, *voyez* à la fin, N°. 6.

Page 12, & ma foible exiſtence développant ſes feux, *liſez*, de ma foible exiſtence développant les feux.

Page 12, *id.* 3e. Couplet, jeune enfant, *liſez*, je ſoupire.

Page 14, autant d'amour, *liſez*, autant d'amours.

Page 14, *id.* qui ne l'a vu, *liſez*, qui ne la voit.

Page 20, régnez ſur nous, *chantez* ſur l'Air, Faites dodo.

Page 37, j'irai graver ſon nom, *liſez*, graver ton nom.

Page 49, la gaieté, *liſez*, la gayté.

Page 54, ſi ce préſent ne peut vous plaire, *liſez*, ſi la mienne ne peut vous plaire.

Page 57, & ne reconnoiſſant point, *liſez*, & ne connoiſſant point.

LE
PRIX
DE LA BEAUTÉ
OU
LES COURONNES
PASTORALE
en trois Actes,
et un Prologue.
Ecrit par Mounier
Martinet Inv.
Chereau Martinet sculp.

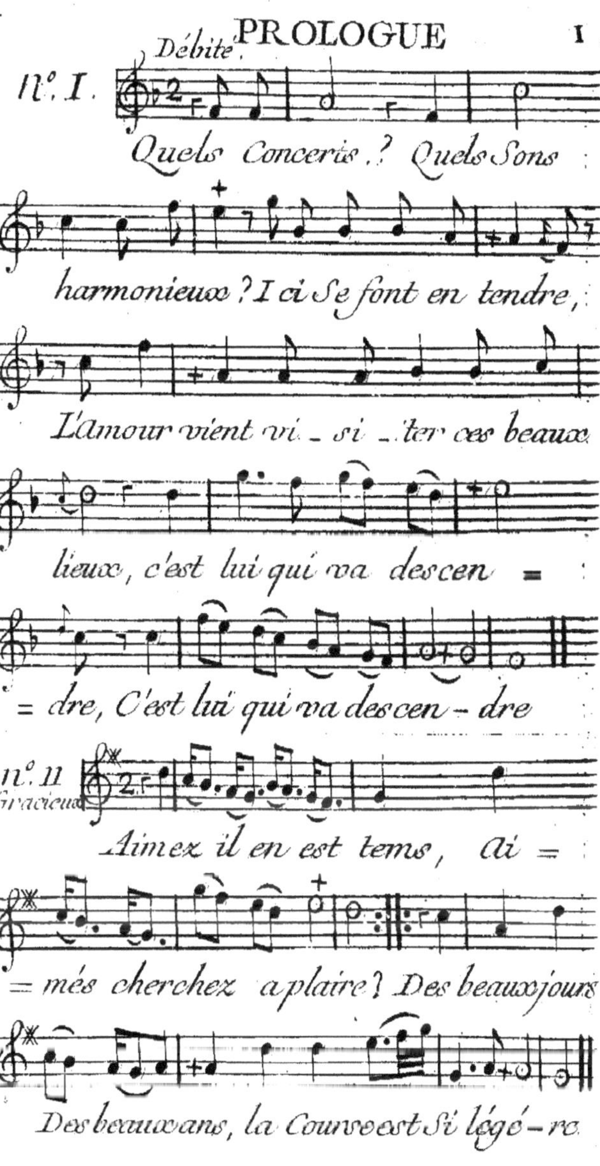
Débite
N°. I.
Quels Concerts ? Quels Sons
harmonieux ? I ci Se font en tendre ;
L'Amour vient vi = si = ter ces beaux
lieux, c'est lui qui va descen =
= dre, C'est lui qui va descen - dre
n°. II
Gracieux
Aimez il en est tems, ai =
= més cherchez a plaire ? Des beaux jours
Des beaux ans, la Course est Si légé - re.

n.° III
Il est Sans doute un bien char =
= mant, dont on ne Jouit qu'en aimant :
Il fait le bonheur d'un amant, Lors
qu'il a Scu Connoitre que c'est tou =
= jours du Sentiment, que le plai =
= sir veut Nai _ tre .
n.° IV
fanfare
Pour vous faire un bonheur du =
= rable, Commencez par faire le choix

d'une Bergére Jeune aimable, dont vous
puissiés Suivre les loix: Sous l'empi=
=re de la beauté la perte de la liber=
=té, devient une félici-té, que pour
partager, Son Empire et régner, elle
nome un berger, pour vous fai=
=re un bonheur durable, Commen =
cés par faire le choix, d'une Ber=

=gére Jeune aimable, dont vous puissiés
Suivre les Loix .
fanfare
n.º V.
Plaisirs qui volés Sur mes traces En
Sur les pas des ris et des graces for=
chantés ces peuples heureux : Offrés leurs
=més I=ci d'aimables jeux :
une image, de ce parfait bonheur, que
l'on cherche dans le bel _ âge, et
que l'on trouve au fond du Cœur.

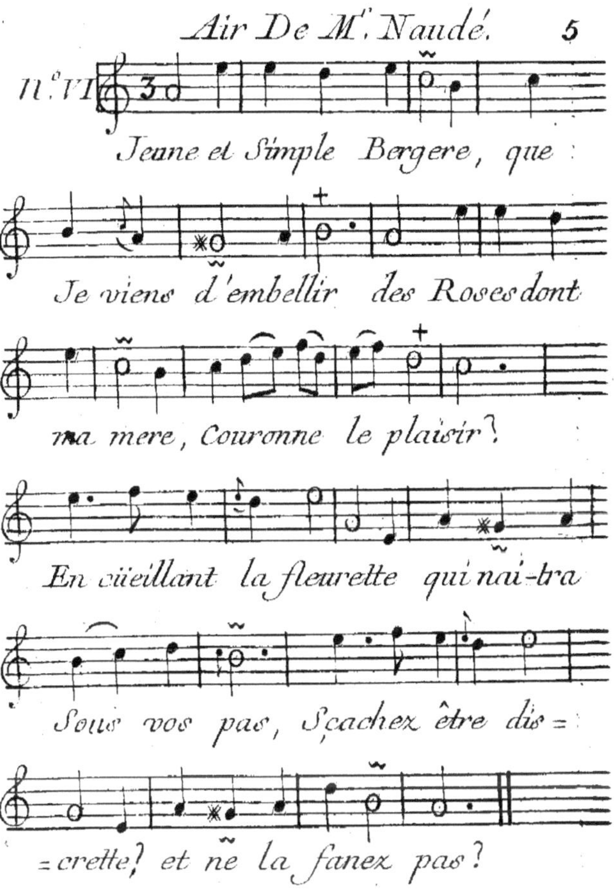
Air De Mr. Naudé.
No. VI
Jeune et Simple Bergere, que
Je viens d'embellir des Roses dont
ma mere, Couronne le plaisir?
En cüeillant la fleurette qui nai-tra
Sous vos pas, Sçachez être dis=
=crette? et ne la fanez pas?

2.e

D'un amant qui Soupire
Craignez peu les efforts?
Observéz son Délire!
Retenéz les transports?
Tel qui peint Son martyre
Souvent n'est qu'un trompeur
Dans Ses yeux Sachez lire
Ce qu'il a dans le cœur!

3.e

Des charmes du bel âge
Au printems de vos jours.
Faittes un bon usage?
Et Songés qu'ils Sont courts?

Que le temps a des ailes,
Qu'il fait Rapidément
Passer la fleur des belles
Et les feux d'un amant

4.e

Que la délicatesse
Decide votre choix?
Aimez avec tendrese?
Mais N'aimez qu'une fois?
Il faut, quand je l'allûme
Ce feu...ce vrai desir,
Il faut qu'il vous consûme
Dans les bras du plaisir .

# Premier Acte De la Pastorale

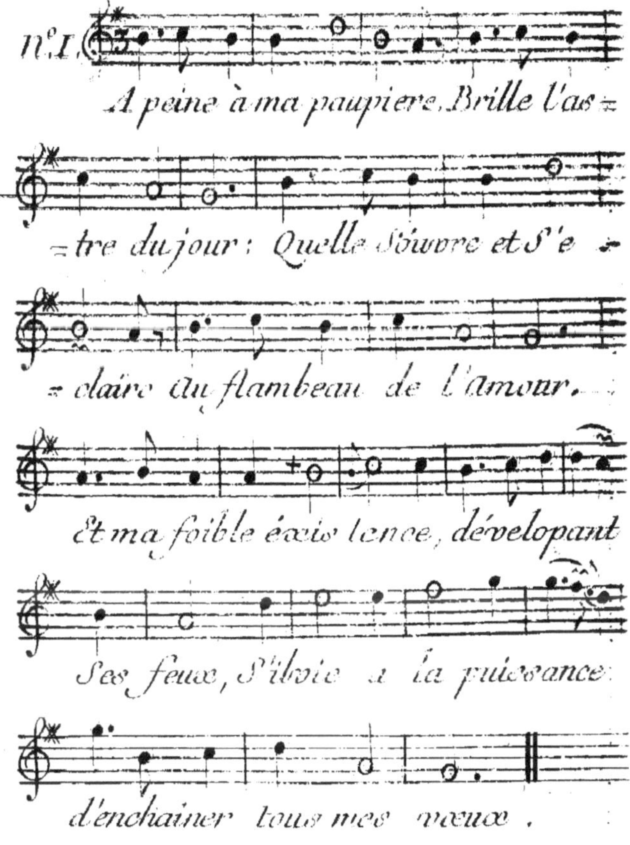

2.e

Déjà l'amour m'inspire,

Il est sur mon berceau.

Il m'apprend à sourire ;

Il n'a point de bandeau

Je le flatte.. il m'amuse

mon cœur veut s'exprimer,

Mais ma bouche refuse

Les sons qu'il veut former

3.e

Un jour que ma Silvie

Dans mes yeux innocens

Lit.. Voit la douce envie

qui caresse mes Sens ;

a ton âge. . dit elle ?

est ce qu'on sçait aimer ?

Je Soûpire. . . et la belle

Me donne un doûx baiser.

4e.

J'ay passé mon enfance

J'ay vû croitre mes feux.

Dans mon adolescence

Même ardeur, même voeux ?

Ma bergere l'oublie

Peut être ce baiser,

Il fuit pourtant la vie

L'ame de son Berger

N°11.
Tu la connois? Cette beauté char=
=mante? Divinité de cet heureux Séjour;
quand tu la vois, ami quelle t'enchante! ne
crois tu pas voir la mere d'amour?
quand Sur Ses pas, dans Ses yeux
tu vois naitre, autant d'Amours qu'il te
nait de desirs, ne Sens tu pas trop vive=
=ment peut etre multiplier tes amoureux Soupirs

N.° III
Il est vrai que je l'a dore
mais conçois tu mon malheur?
Un autre Berger en core,
de même a droit Sur Son cœur.
Cette belle, Se rappelle Sans ces=
=se nos tendres feux, et S'il =
=vundre peut prétendre a voir
couronner Ses feux

Air Italien
N.º IV.
Je vois ton embarras tu ne le
conçois pas, Non non Lycas, non
non Lycas tu ne le conçois pas.
un Seul de nous l'a Sçu charmer,
un Seul a Sçu S'en faire aimer,
toujours discret Sur ce Secret Son cœur se
tait. ce feu misterieux, mon Rival odieux
S'offre a mes yeux Licas ô Dieux! quittons ces lieux?

n°. V.
J'ai passé dans ces hameaux,
de mes Jours la premier aurore,
a faire dire aux Echos le nom de
celle que J'a_dore ; J'ai tant
chanté ce beau nom, aux Oi=
=seaux de ce bocca _ ge, qu'ils
se Sont de ma chanson Composé
leur rama . . . ge,

n.° VI.
3
C'est dans cette prai_rie
C'est ici qu'un beau jour aux genoux
de Sil _ vie a me _ né
par l'Amour : Silvandre qu'elle est
bel_le, me dit ce Dieu vainqueur,
aimes la? Sois fi _ dé _ le?
Je ferai ton bon-heur.

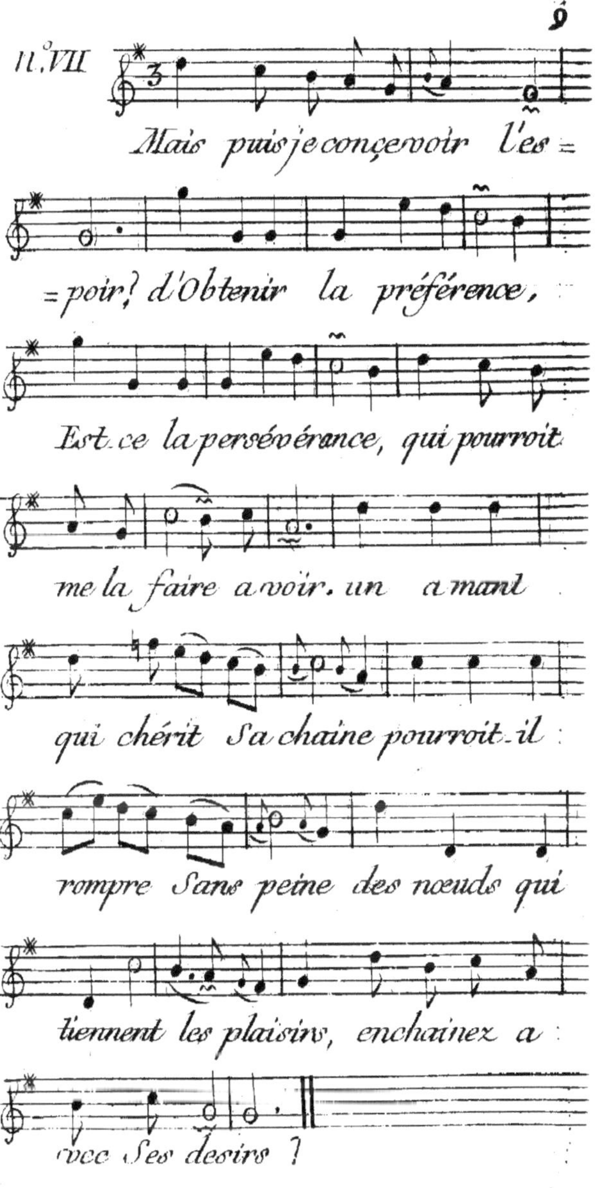
9
N.° VII
Mais puis je conçevoir l'es =
= poir? d'Obtenir la préférence,
Est ce la persévérance, qui pourroit
me la faire avoir. un amant
qui chérit Sa chaine pourroit il
rompre Sans peine des nœuds qui
tiennent les plaisirs, enchainez a
vec Ses desirs ?

# SECOND ACTE

## Air Italien.

n.° 1.

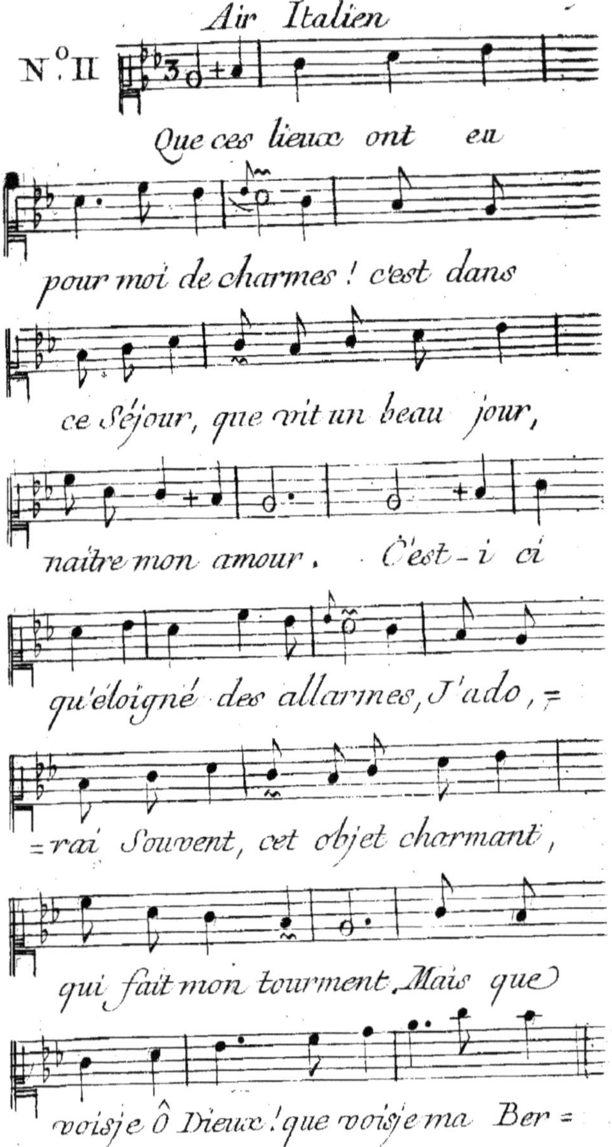
Air Italien
N.° II
Que ces lieux ont eu
pour moi de charmes ! c'est dans
ce Séjour, que vit un beau jour,
naître mon amour. C'est - i ci
qu'éloigné des allarmes, J'ado, =
= rai Souvent, cet objet charmant,
qui fait mon tourment. Mais que
voisje ô Dieux ! que voisje ma Ber =

=gere ! ô doux mistere ! O moment
trop heureux ! Sur Ses beaux yeux
L'Astre du jour qui nous éclai-re ,
porte Ses regards, et de toutes parts,
La livre aux hazards. Tâchons
d'ecarter un peu Sa lumiere, qu'il me
laisse un instant ce Seul coin de la
terre, un Seul instant, qu'à mes

voeux rien ne Soit Contraire helas
bien Souvent, le Sort d'un amant
dépend d'un moment.
N.° III
Tant que la marguerite Croitra
Dans ces Vallons, que Cette fleur
petite Ornera nos gazons.
Tu Seras ma Sil_vie, La Reine
de mon coeur, Le charme de ma vie,

L'astre de mon bonheur

2e.

Le matin quand L'aurore
Viendra verser Ses pleurs,
Que les amans de flore
Caresseront nos fleurs.
Aux oiseaux des bocages
Pendant ton doux Somẽil
J'iray Sous ces feuillages
Annoncer ton reveil

3.e

Le jour dans la prairie
J'iray graver ton nom
Sur l'ecorce polie
Des hêtres du Canton,
Je le verray paroitre,
A mes yeux chaque jour,
Mais il ne pourra croitre
Autant que mon amour

4.e

Le soir? Quittant la plaine
Je diray . . . tout surpris?
Le soleil me ramene
N'est il donc plus de nuits?
Mais non! C'est qu'il differe
De quitter les beaux yeux
De la jeune Bergere
Dont je suis amoureux

N° IV
3
Quel bruit Se fait entendre?
qui peut venir en ces lieux Mais
J'apperçois Silvandre ma Ber -
= gere ouvre les yeux fuyons? et
qu'elle i-gnore lequel de Ses
deux amans, a pû Joü-ir en
core, de ces doux momens.

N.V.
Déja du temple de L'amour ;
nos Bergers Occupent l'enceinte ,
L'on vous attend , et dans ce Jour,
Saisy d'une mortelle atteinte .
mon triste cœur vient vous Of=
=frir, ces fruits ces dons de flo_re,
que par tout, pour vous embellir, La
ter_re fait é clo .. re .

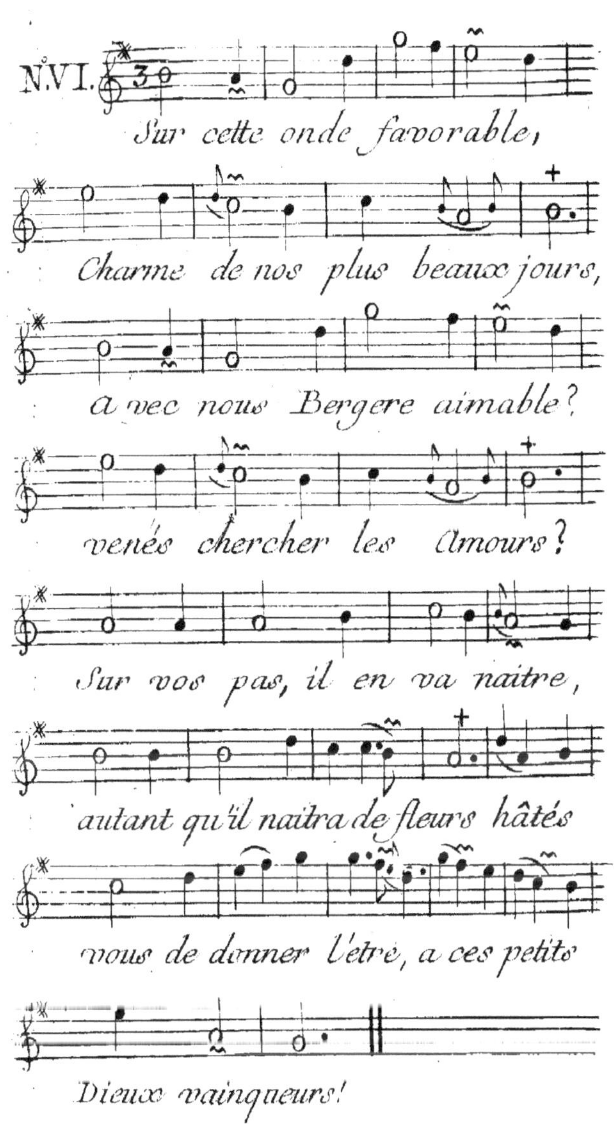
N.º VI.
3
Sur cette onde favorable,
Charme de nos plus beaux jours,
a vec nous Bergere aimable?
venés chercher les Amours?
Sur vos pas, il en va naitre,
autant qu'il naitra de fleurs hâtés
vous de donner l'etre, a ces petits
Dieux vainqueurs!

# TROISIEME ACTE

## Air de Mr. Naude.

N.° 1.

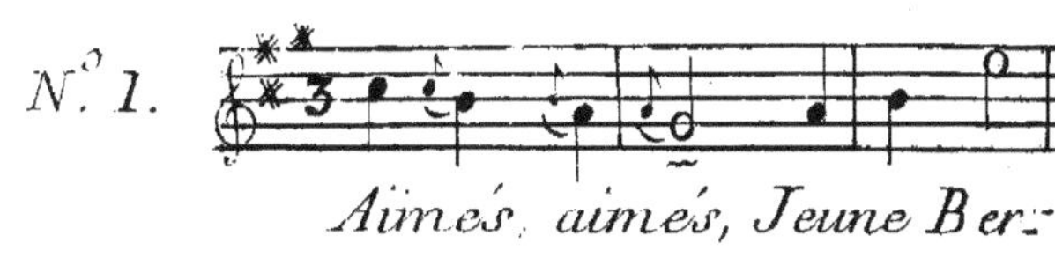

Aimés, aimés, Jeune Ber-

-gere, un cœur Sans amoureux Sou-

-cis, n'est qu'une ombre le-gere, que

bercent les Ennuis Jamais rien

ne l'eclaire, Il ne voit que des nuits,

Jamais rien ne l'eclai-re il ne

voit que des nuits.

n°. II.
Il faut qu'un de ces deux a-
mans partage avec vous la Cou-
-ronne, Songés à remplir vos Ser-
-mens, Songés que l'Amour vous l'or-
-donne, celui qui Sera votre E-
-poux doit regner ici par-mi nous,
celui qui sera votre E-poux doit re-
-gner i-ci parmi nous.

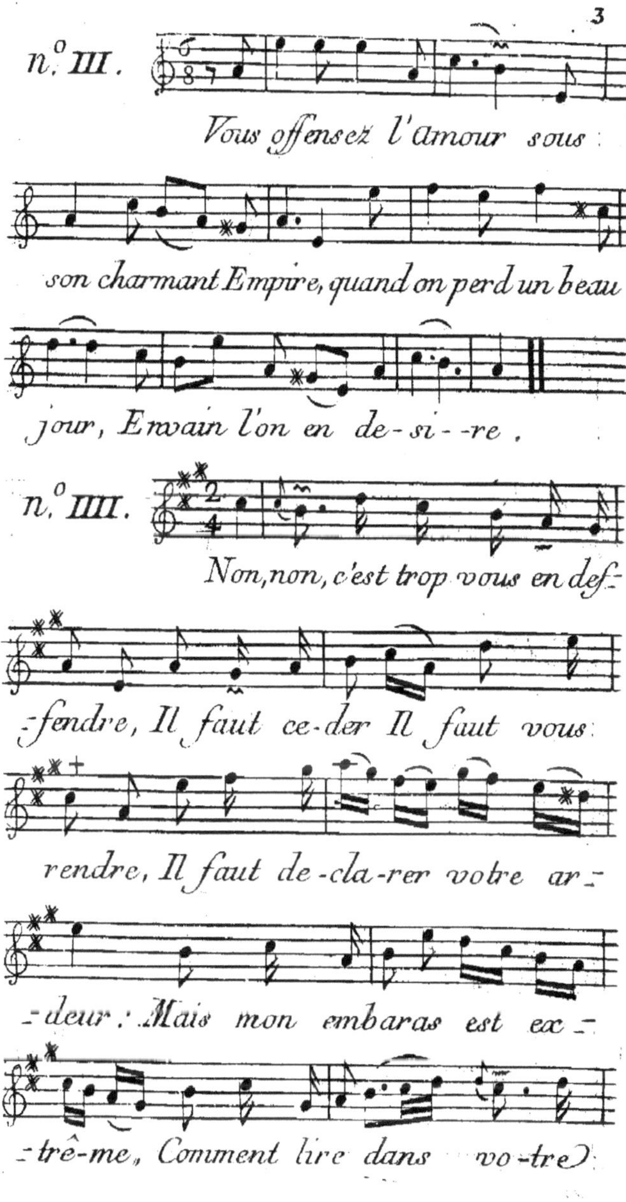
n.° III.
Vous offensez l'Amour sous son charmant Empire, quand on perd un beau jour, En vain l'on en de-si--re.
n.° IIII.
Non, non, c'est trop vous en def-fendre, Il faut ce-der Il faut vous rendre, Il faut de-cla-rer votre ar-deur: Mais mon embaras est ex-trê-me, Comment lire dans vo-tre

4
Cœur? Si vous n'y lisez pas vous même.
Nº. V.
Barbares c'en est fait; Je
vais quitter ces lieux, Ar-rê-tez
rien ne peut vous soustraire a nos
yeux, A me persecuter chacun de
vous se plait, O-be-is-sez aux
Dieux, Eh bien mon choix est fait, Obeissez aux
Dieux, Eh bien mon choix est fait.

# AIR ITALIEN.

n.o VI.
Expli-quez vous, parmi
nous, Nom-mez Sans courroux votre E=
=poux, Craignez peu les jaloux Dieux
pro-tecteurs ! Dieux van=geurs, Cal=
=mez vos douleurs; Je me meurs; je me
meurs; je me meurs; Non, non, non, Sé=
=chez vos pleurs.

n°. VII.
Jeunes Amans C'es la Cons-
-tan-ce, Qui fait Couron-ner les de-
-sirs, l'A-mour ne récom-pen--ce,
Que les ten-dres Sou-pirs; Ja-
-mais l'indiffe-ren--ce, Ne connuit
les plai-sirs.

## AIR ITALIEN.

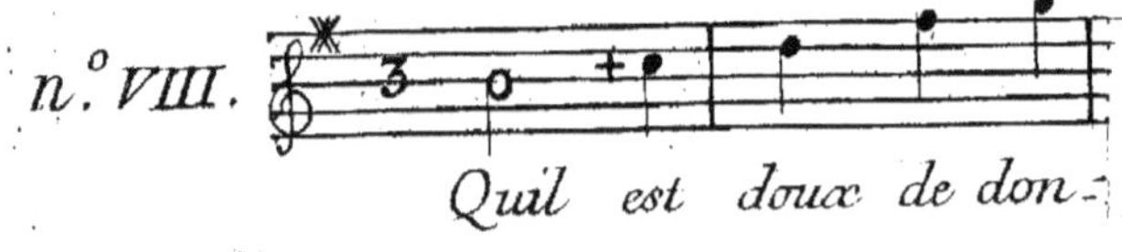
n°. VIII.
Quil est doux de don-

-ner le Dia-de-me, A l'ob-
-jet qu'on aime, quand l'amour lui même,
fait notre bon-heur, un brillant hon-
-neur, un titre flateur, tou-choit peu mon
Cœur, Si l'ai-ma-ble Cou-ronne,
que l'Amour Seul nous donne ne pay-
-oit nos Soupirs, ne Combloit nos desirs.
De mille plai-sirs.

# CHANSONS

## *DIVERSES*

*Traduittes de l'Italien et autres*

# Traduction de la Chanson de Petraque

Di monte in monte di pensier in pensier &c.

*Sur l'air cy joint, ou la muzette de M.r Desbrosses.*

=baras-sé-e ne trou-ve point

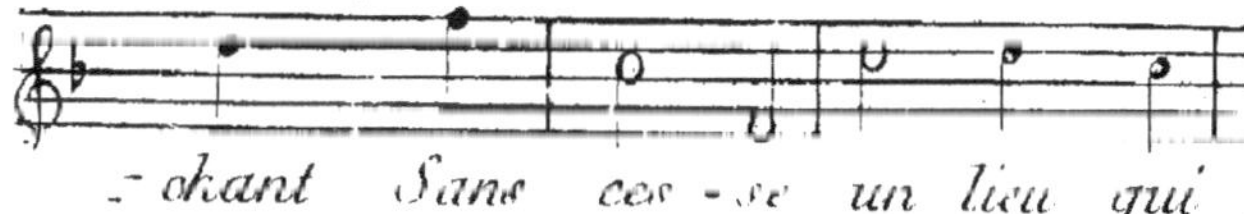

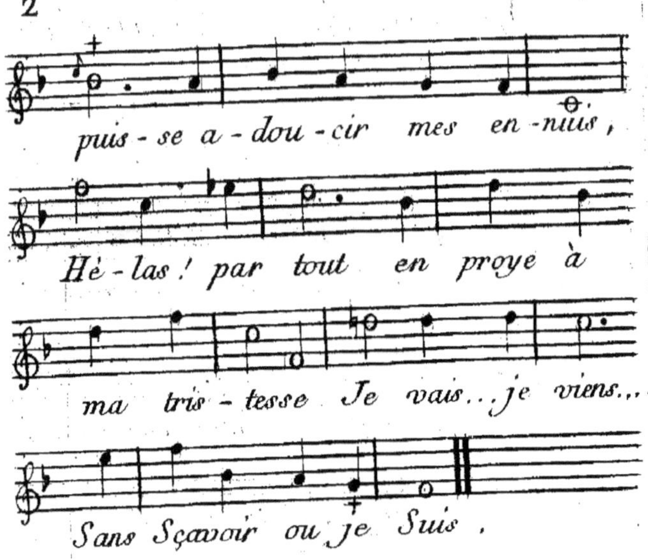


## 2.e Couplet.

Les lieux peuplés... les Chateaux, et les Villes...
Rien ne peut plus soulager ma douleur.
Plus de conseils,..plus de paix..plus d'asyles,
Du fond des bois je n'aime que l'horreur
La quelque-fois, la joie et l'esperance
Viennent flatter mes desirs tour à tour
Et cet espoir que la crainte balance
Amuse au moins un instant mon amour.

3.e

Si quelque fois sur le haut des montagnes
Je vais pour prendre un instant de repos,
Tout aussi-tôt, mes yeux dans nos campagnes
Cherchent l'objet qui cause tous mes maux,
Et mesûrant alors l'espace immense
Qui me derobe à ses divins appas
Avec mon cœur toujours d'intelligence
Vers ma bergere ils ramenent mes pas.

4e

Qui le croiroit ? tantôt dans un nüage
Parmy les ris les plaisirs et les jeux,
Les careßant ; recevant leur hommage
Cette beauté se presente à mes yeux
Tantôt sur l'Onde, ou sur l'herbe naissante
Et quelque fois sur un chêne orgueilleux
Toujours plus belle et toujours triomphante
Le tendre amour me la montre en tous lieux.

5.

Quand, chaque jour, je traverse ces hêtres
Ou j'ai gravé j'ai vû croitre son nom,
En regardant ces monumens champêtres
Mon ame hélas ! se trouble et se confond.
Je sens mes yeux s'arroser de ces larmes
Que la tendresse a puisé dans mon Coeur.
Presque immobile... il est pourtant des charmes
Dont je jouis au sein de ma douleur.

6.

A moy rendu, c'est du beau nom de Laure
Que les Echos font retentir les bois
Tous les Oiseaux instruits que je l'adore
Viennent mêler leurs accens à ma voix
Je fais serment d'être à jamais fidelle
De l'adorer jusqu'au dernier soupir
Je fais des vers et des chansons pour elle
Et mes tourmens se changent en plaisir.

FIN

# Traduction de la Chanson

## Non Dolerti Ninetta

Air, grazzio al ingãni tuoi

Voyéz L'air N.° VII.

De L'acte I.er

Sur cet ormeau toujours chantant
Quel est cet oiseau? Ninette.
Qui Sans cesse me repete
Ses feux, Ses plaisirs, mon tourment;
Sur detre aimé de Sa fauvette
Hélas, Rien ne L'inquiette,
Brulant de la plus vive ardeur
Moy Seul J'expire de douleur.

—

tournés

2^e^

De branche en branche voltigeant
Cet oiseau tendre et fidelle,
Par son chant, par un coup d'aile
Sçait exprimer tout ce qu'il sent.
Dans son ramage, il dit je t'aime,
Son amante repond de même,
Moy j'appelle envain. Je gémis,
Ma Ninette est sourde a mes cris.

3

Ce couple heureux, par ses accens
Eveille la jeune Aurore,
Ramene au genouils de Flore
Le plus volage des amans.
Des vrais plaisirs, dans son langage
Il nous enseigne a faire usage.
Ninette seule dans nos champs
Ne veut rien entendre a ses chants.

4

Souvent lorsque l'Astre du jour
Se plait a bruler nos plaines,
Il est au milieu des chênes
Des Trones batis par l'Amour.
La nos Amans heureux sans cesse
Ne connoissent que la tendresse,
Moy, quand je fais parler sa voix
Ninette s'éloigne des bois.

5

Tristes Amans! voilà le sort,
De qui loin de la nature
N'écoute que l'imposture.
De l'art fuit le trompeur éffort!
En Amour, faut il toujours craindre?
Toujours desirer?... se contraindre!
Vous seuls petits oiseaux charmans,
Vos plaisirs sont purs et constants.

## Autre

Air. Jetois Seule en un bocage
mes moutons paissoient au loin

❀

Peus tu doûter de ma peine?
Toy? qui connois ma douleur?
Quand tu vis former ma chaine,
Prevoyois tu mon malheur?
Soupçonnois tu L'inconstance,
L'offence,
De mon Berger?
Soupçonnois tu qu'il pût être,
Le traitre,
Aussy Léger?

Tu sçais que longtems rebelle?
J'opposois a ses sermens:
Ces craintes que l'infidelle
Combattoit a tous momens.
Mais tandis que le parjure,
Me jure,
D'être constant;
A Themire le volage,
S'engage,
En dit autant.

Te souvient-il de la fête,
Qu'on donnoit dans le Hameau?
Que ce jour par sa conquête,
Que ce jour me parut beau:
Plus je voulois me déffendre,
Et rendre,
Vains ses efforts;
Plus mon cœur se laissoit prendre,
Surprendre,
Par ses transports.

4

Le cruel vit dans mon ame,
L'excés de tous mes plaisirs.
Il me regarde... - Il m'enflame,
Il excite mes desirs;
Il s'apperçoit de mon trouble,
Redouble,
Je veux - - - hélas:
Ma raison tourne en folie,
S'oublie,
Entre ses bras.

5

Qu'il m'en à couté de larmes,
Depuis ces tristes momens,
Que de soupirs, que de larmes,
Que d'Amour; que de tourmens,
Aujourdhuy l'ingrat m'évite,
Me quitte,
Craint mon courroux:
Helas, encor du volage!
L'image,
Me suit partout

6

Tendre Amour qui dans mon ame,
Allumas ces tristes feux,
Ai-je profané la flame,
Dont tu nous brûlas tous deux?
En conservant ma tendresse,
Sans cesse,
Pour mon amant:
Devois je être la victime,
Du crime,
D'un inconstant,

## Autre

Air/. Nous jouissons dans nos Hameaux
Zephir aujourdhuy sur les fleurs
N'agite plus ses ailes,
L'Astre du jour a ses ardeurs
Immola les plus belles,
Mais si Zéphir n'en trouve pas
Pour le beau sein de Flore,
Moy, j'en vois naître sur tes pas,
Pour t'embellir encore.

Dans les yeux de ma Bergere
il est un petit Amour, qui ido=
latre et déses- -pere tous ceux
qui lui font la Cour; il en=
chante, emeüt, cares- se, mais gar=
dez vous de ses traits, car en
même tems il blesse, et l'on
n'en guerit jamais.

www.ingramcontent.com/pod-product-compliance
Lightning Source LLC
LaVergne TN
LVHW012013220826
846092LV00001B/339
*9782329773537*